Nuestra Señora de Guadalupe

"Nuestra Señora de las Américas"

Por el Rev. Lorenzo G. Lovasik, S.V.D.
Misionero del Verbo Divino

NIHIL OBSTAT: Rev. Anthony J. Figueiredo, S.T.D., Censor Librorum
IMPRIMATUR: ✠ Mons. John J. Myers, J.C.D., D.D., Arzobispo de Newark

El Nihil Obstat e Imprimatur son declaraciones oficiales que un libro o librejo es libre de error doctrinal o moral. Esto no quiere decir en ningún modo que los que han concedido el Nihil Obstat e Imprimatur acordan con sus contenidos, opiniones, o afirmaciones.

© 2006 by CATHOLIC BOOK PUBLISHING CORP., Totowa, N.J.

CPSIA November 2014 10 9 8 7 6 5 4 3 A/P Impreso en Hong Kong ISBN 978-0-89942-376-0

Los Indios Aztecas y Toltecas adoraban dioses.

La Conquista de México por los Españoles

MEXICO es un país de Indios situado al sur de los Estados Unidos, siendo su cultura una de las más antiguas del mundo, datando de algunos miles de años antes del nacimiento de Cristo.

Las principales razas de los Indios Mexicanos son los Aztecas y los Toltecas. Estos eran paganos y adoraban a los dioses. Hasta ofrecían sacrificios humanos a sus dioses, y algunos de estos eran adorados en templos.

Las tribus de los Indios usaban trajes de gran colorido, especialmente durante sus danzas en ciertos días de fiesta en que adoraban a sus dioses.

La conquista española de México la comenzó Hernán Cortés en 1500. En aquel entonces se destruyeron muchos edificios de los Aztecas y Toltecas.

Los conquistadores Españoles maltrataron a los Indios para hacerse ricos más rápidamente. Los gobernantes Españoles y los soldados dieron muy malos ejemplos a los Indios.

Juan Diego fue enseñado por un misionero Franciscano.

Juan Diego Fue un Indio Convertido

LOS sacerdotes Franciscanos y Dominicanos vinieron desde España para instruir a los Indios en la religión Cristiana. Su labor misionera era muy difícil debido a la religión pagana de los nativos y a la brutalidad de los gobernantes y soldados.

Los Indios odiaban a estos invasores, pero comenzaron a confiar en los misioneros que les enseñaban no solamente la religión, sino también un nuevo tipo de vida para sus familias. Se construyeron iglesias y escuelas.

La Madre de Dios se apiadó de estos Indios paganos oprimidos y vino a ayudarlos.

Juan Diego, un Indio convertido de 57 años de edad, vivía en una aldea a pocas millas al norte de lo que es hoy la Ciudad de México. Su esposa había muerto dos años antes y él estaba viviendo con su tío, que también se había convertido. Los padres de Juan Diego habían muerto siendo jóvenes todavía y él mismo no tenía hijos.

Juan quería mucho a su tío y lo ayudaba en su enfermedad.

Entre las rocas Juan vio una mujer.

Una Hermosa Dama Aparece

EL día Sábado, 9 de Diciembre de 1531, Juan se dirigía para escuchar la Santa Misa en honor de Nuestra Señora, que sería seguida de enseñanzas sobre la Fe. Los primeros convertidos tenían la costumbre de asistir a la Misa los Sábados en honor de la Virgen María en la Iglesia de Santiago.

Este día era también la fiesta de la Inmaculada Concepción en España y sus posesiones.

Era muy temprano por la mañana. Juan escuchaba a los pájaros cantando. Y se sorprendió mucho.

Juan escuchó la voz de una mujer que lo llamaba: "¡Juan Diego! ¡Juanito!" Juan subió la colina y allí entre las rocas vio una mujer. El sol no había salido aún, pero ella estaba iluminada por rayos de luz dorada.

Era ella una joven India, contando apenas dieciséis años de edad. Su rostro era muy hermoso. Sus ropas eran de bellos colores. Los cactus y las piedras a su alrededor estaban bañados de un color tan fuerte que las piedras parecían joyas.

La Virgen María Habla a Juan

En su idioma nativo la mujer preguntó: "¿Juan, dónde vas?"

"Mi Señora, estoy apurado porque voy a la Santa Misa."

La mujer habló de nuevo: "Querido hijo, yo te quiero. Yo soy la Virgen María, Madre de Dios, Quien creó todas las cosas. Deseo que se construya una iglesia en este lugar, donde mostraré mi compasión por tu pueblo y por todos aquellos que piden sinceramente mi ayuda en sus trabajos y en sus sufrimientos. Aquí los consolaré. Así que apresúrate para ir a la ciudad y decirle al Obispo lo que has visto y oído."

Juan cayó de rodillas cuando la Virgen le dijo quién era ella. El dijo: "Mi Noble Señora, haré lo que me pides."

Juan emprendió su camino desde la colina llamada Tepeyac hacia la Ciudad de México para ver al Obispo. Nunca antes él había tenido el valor de ir a la Ciudad de México y de hablar con los Españoles. Pero él se hizo el propósito de obedecer a la Señora que le dijo ser la Virgen María, Madre de Dios.

Juan se arrodilló delante de la Virgen.

La Señora Aparece de Nuevo

JUAN llegó hasta el hogar del Obispo, Fray Juan de Zummárraga.

El Obispo se conmovió viendo la sinceridad de este convertido, pero dudaba de que la Reina del Cielo quisiera una iglesia en un área desértica donde nadie vivía. El le dijo que lo pensaría bien y que Juan podía volver y hablar sobre ello en otro momento.

El sol se estaba poniendo cuando Juan, cansado y hambriento, llegó hasta la pequeña colina. Cuando hubo subido la colina la Señora estaba allí. El se arrodilló y le contó la historia de su visita, y le dijo: "Mi Señora, yo no soy digno de vuestra confianza. Por favor, envíe a otra persona a ver al Obispo."

La Señora respondió: "Mi pequeño hijo, tú eres quien yo he escogido. Vuelve a ver al Obispo mañana y repítele mi petición de una iglesia en este lugar."

"Mi Noble Señora," respondió Juan, "haré lo que me pides, pero temo de que el Obispo no esté muy contento de volverme a ver tan pronto. Volveré mañana para contarte acerca de mi visita."

Juan se arrodilló a los pies de la Santísima Virgen.

El Obispo Pide una Señal

AL día siguiente, que era un Domingo, después de la Misa, Juan fue nuevamente a la Ciudad de México. El Obispo escuchó pacientemente y sugirió que la Señora le diera una señal antes de que él pudiera proceder con la construcción de una iglesia para ella.

Juan prometió obtener cualquier señal que la Señora eligiera darle. Así que Juan regresó para informar a la Santísima Virgen y pedirle una señal.

Juan se arrodilló a los pies de la Santísima Virgen, que le estaba esperando, y le dijo sobre la petición del Obispo por una señal.

Ella le dijo a Juan que regresara al día siguiente al amanecer, que era un Lunes, y entonces ella le daría una señal.

Juan se despidió de la Señora y comenzó el camino de regreso hacia su hogar. Ahora estaba seguro de que la Virgen María lo había elegido como su mensajero y él la obedecería en todo lo que ella le pidiera.

Juan le dijo al Obispo lo que la Señora le había dicho.

Juan encontró a su tío muy enfermo.

Juan Cuida de Su Tío Enfermo

CUANDO Juan regresó a su hogar, encontró a su tío muy enfermo de una fiebre contagiosa. El le preparó una medicina y lo cuidó durante toda la noche y el día siguiente, así que no pudo ir a encontrarse con la Virgen María.

Temiendo morir, su tío le rogó que le trajera un sacerdote para que le diera los últimos Sacramentos.

Según Juan se encaminaba en busca de un sacerdote, la Virgen María se le apareció nuevamente, aunque él trató de evitar encontrarla debido a la enfermedad de su tío. Ella le preguntó qué le sucedía.

"¡Perdóneme," le dijo, "mi tío se está muriendo y quiere un sacerdote. No pude verme con usted ayer."

La Señora respondió: "¡Mi querido hijito, tú estás bajo mi protección. Yo he curado a tu tío. Ahora ve a lo alto de la colina y corta las flores que allí crecen y tráemelas!"

María Arregla las Rosas

AUNQUE él se preguntaba cómo su tío podría haberse curado en corto tiempo, y cómo podría encontrar rosas creciendo en aquella colina rocosa en Diciembre, Juan obedeció.

Cuando llegó a lo alto de la colina, Juan encontró realmente unas hermosas rosas, llenas de rocío, mientras que los cactus y los arbustos estaban llenos de escarcha entre las rocas.

Juan tenía puesto el delantal usado por los Indios Aztecas, llamado una "tilma." Era de una tela áspera, como un saco de lona, y podía usarse como una capa. El llenó el delantal con las fragantes rosas y luego corrió a llevárselas a la Virgen María.

La Virgen María tomó las rosas que Juan le había traído y las arregló con sus propias manos. Luego ató las esquinas inferiores de la tilma detrás de su cuello y cubrió las rosas.

Juan llenó el delantal con las fragantes rosas.

María Deja Su Propia Imagen

MARIA le dijo: "¡Mi hijito! Esta es mi señal para el Obispo. No dejes que nadie vea lo que tú estás llevando. Dile al Obispo que yo curé a tu tío y que yo misma he colocado esas rosas de esta forma. Esta vez él creerá en ti."

Esta vez el Obispo llamó a varios testigos para que escucharan la historia de Juan. Cuando Juan hubo terminado de decirle al Obispo lo que la Virgen María le había dicho, él zafó su tilma detrás de su cuello y las rosas cayeron al suelo.

El quedó muy sorprendido al ver que la Virgen María le había dado a él y al Obispo una señal mucho más maravillosa que las rosas. Su imagen estaba impresa con toda su belleza en frente de su tilma.

El Obispo y los demás que estaban en la habitación cayeron de rodillas. Ahora estaban convencidos de que la Señora que le había aparecido a Juan en la brillante luz era realmente la Madre de Dios y que ella le había hablado y pedido que se construyera una iglesia en su honor.

El Obispo y todos los demás cayeron de rodillas.

La tilma se exhibió en la catedral.

La Imagen Es Traída a la Catedral

SE cree que la imagen apareció repentinamente según las rosas caían al suelo. La Virgen María había obrado un milagro—ella dejó su propia imagen para que todo el mundo la pudiera ver. Esta permanecería en la tilma durante muchos siglos para recordarle a los hombres el amor que ella les tenía.

Después el Obispo se puso de pie y reverentemente desató la tilma y la llevó hasta su propia capilla, donde se adjuntó a la pared junto al altar.

Las noticias de la imagen de María, impresa milagrosamente en la tilma, se extendieron rápidamente por todos lugares. Al día siguiente una jubilosa procesión acompañó al Obispo hasta la Catedral donde la tilma se puso en exhibición.

Los Indios convertidos y muchos otros vinieron a rezar a la Bienaventurada Virgen María. Se sentían felices de saber que la Madre de Dios les había recordado en sus necesidades y sufrimientos y que los ayudaría.

"Nuestra Señora de Guadalupe"

SE le pidió a Juan que mostrara al Obispo y sus compañeros la pequeña colina dónde la Virgen deseaba que se construyera su iglesia.

También fueron a ver al tío de Juan. Y lo encontraron perfectamente curado.

El tío les contó la maravillosa historia de su curación. La habitación estaba llena de una luz suave y una hermosa mujer estaba de pie delante de él. Ella le habló de su propia imagen y añadió: "Llámame a mí y a mi imagen con el nombre de Santa María de Guadalupe" (Nuestra Señora de Guadalupe).

El nombre de "Guadalupe" intrigó al Obispo. Esta palabra significa "la serpiente de piedra aplastada."

Esto se relacionaba con las palabras que Dios dijo a la serpiente después de la caída de Adán y Eva: "Habrá enemistad entre tú y la mujer: ella aplastará tu cabeza." Ello se refería a la Inmaculada Concepción. Ella le aplastaría la cabeza a través de su Hijo, el Redentor del mundo.

El tío de Juan contó cómo María le dijo su nombre.

Se Construye la Iglesia de Nuestra Señora

LA noticia se propagó entre los Indios convertidos de que ellos tendrían su propia iglesia. Cientos se ofrecieron de voluntarios para ayudar a construirla. La iglesia se terminó en dos semanas y el 26 de Diciembre la imagen sagrada se trajo en procesión hasta la misma. Y fue colocada sobre el altar inmediatamente antes de ofrecerse la Santa Misa. También Cortés y su esposa tomaron parte en la procesión.

Los Indios bailaron de alegría después que la imagen de Nuestra Señora de Guadalupe fuera colocada en la iglesia. Uno de los Indios sufrió una grave herida en el cuello cuando se cayó sobre la espada de otro Indio. Pronto estuvo al borde de la muerte debido a la gran pérdida de sangre que tenía.

Los Indios lo trajeron delante de la imagen de la Virgen de Guadalupe y le rogaron que le ayudara.

Repentinamente sus ojos se abrieron y de un salto se puso de pie, completamente curado. En las semanas siguientes también otros milagros fueron afirmados.

Los Indios trajeron un niño herido delante de la imagen de María.

Una Nueva Basílica para Honrar a María

SE construyó un pequeño hogar para Juan Diego cerca de la primera iglesia y él repitió su historia a miles de peregrinos. El murió en 1548 y fue enterrado en la pequeña iglesia cerca de la imagen de Nuestra Señora.

En 1709 se construyó un nuevo santuario para la tilma de Juan Diego con su preciosa imagen de la Inmaculada Concepción. Hoy día vienen peregrinos de todas partes del mundo para visitar la nueva Basílica de Nuestra Señora de Guadalupe, construida recientemente y que puede dar cabida a las grandes multitudes que vienen a la Ciudad de México. Ellos vienen a honrar la Virgen Madre de Dios y contemplar con admiración su hermosa imagen que María dejó milagrosamente a todo el mundo.

Madre de las Américas

EL 12 de Diciembre es la festividad de Nuestra Señora de Guadalupe no solamente en México, sino también en los Estados Unidos de Norteamérica. En su festividad, pero también en todas las estaciones del año, las procesiones de peregrinaje entran en la gran basílica nueva con flores y estandartes.

Las Santas Misas se ofrecen durante toda la mañana, lo cual nos recuerda que María nos conduce hacia su Hijo en el Sacratísimo Sacramento. Miles de personas reciben la Santa Comunión y presencian la Bendición cada día. Jesús en la Eucaristía es el don que María nos ofrece.

El Santuario de Nuestra Señora de Guadalupe ha sido durante siglos, y lo sigue siendo hoy, el mayor centro de peregrinajes en todas las Américas. Tanto en América del Norte como en Centro América y América del Sur.

El Papa Pío XII oró así: "Estamos seguros que mientras tú, Nuestra Señora de Guadalupe, seas reconocida como Reina y Madre, las Américas y México estarán a salvo."

Ella es venerada por todos los pueblos de las Américas—del Norte, Central y del Sur.

El don de María de su mensaje e imagen llegó primero a los Indios y Españoles de América Central, a Juan Diego y su gente.

"El Tesoro de las Américas" traerá de una forma muy especial el amor de la Madre Misericordiosa a todos sus hijos.

El mensaje de María en el Monte Tepeyac proclama esto: "Yo soy vuestra Madre misericordiosa, la Madre misericordiosa de todos ustedes que viven unidos en esta tierra, y de toda la humanidad, de todos aquellos que me aman, de todos los que me imploran, de todos los que me buscan, de todos los que confían en mí."

Oración del Papa Juan Pablo II

VIRGEN de Guadalupe, Madre de las Américas, te pedimos por todos los Obispos, para que conduzcan a los fieles por senderos de intensa vida cristiana, de amor y de humilde servicio a Dios y a las almas.

Contempla esta inmensa mies, e intercede para que el Señor infunda hambre de santidad en todo el Pueblo de Dios, y otorgue abundantes vocaciones de sacerdotes y religiosos, fuertes en la fe, y celosos dispensadores de los misterios de Dios.

Concede a nuestros hogares la gracia de amar y de respetar la vida que comienza, con el mismo amor con el que concebiste en tu seno la vida del Hijo de Dios.

Virgen Santa María, Madre del Amor Hermoso, protege a nuestras familias, para que estén siempre muy unidas, y bendice la educación de nuestros hijos.

Esperanza nuestra, míranos con compasión, enséñanos a ir continuamente a Jesús y, si caemos, ayúdanos a levantarnos, a volver a El, mediante la confesión de nuestras culpas y pecados en el Sacramento de la Penitencia, que trae sosiego al alma.

Te suplicamos que nos concedas un amor muy grande a todos los santos Sacramentos, que son como las huellas que tu Hijo nos dejó en la tierra.

Así, Madre Santísima, con la paz de Dios en la conciencia, con nuestros corazones libres de mal y de odios, podremos llevar a todos la verdadera alegría y la verdadera paz, que vienen de tu Hijo, Nuestro Señor Jesucristo, que con Dios Padre y con el Espíritu Santo vive y reina por los siglos de los siglos. Amén.

Oración de la Iglesia

DIOS de poder y misericordia, Tú bendijiste las Américas en el Monte Tepeyac con la presencia de la Virgen María de Guadalupe.

Permite que sus oraciones ayuden a todos los hombres y mujeres a aceptarse entre sí como hermanos y hermanas. Por Tu justicia presente en nuestros corazones concede que Tu paz reine en el mundo. Por Nuestro Señor Jesucristo, Tu Hijo, Que vive y reina contigo en la unidad del Espíritu Santo y es Dios por los siglos de los siglos. Amén.